तुम हीरे सा चमकोगे

प्रेरणात्मक कविताएँ

रश्मि जैन

BookLeaf Publishing
India | USA | UK

Made with ❤ on the BookLeaf Publishing Platform
www.bookleafpub.in
www.bookleafpub.com

Dedication

माँ को समर्पित

रचयिता ~रश्मि जैन

Preface

यह पुस्तक 'तुम हीरे सा चमकोगे' के जीवन में सकारात्मकता को भरने उनके आत्मबल एवं साहस को बढ़ानें के दृष्टिकोण से, मेरे द्वारा लिखी की गई है। मैं चाहती हूँ कि पुस्तक 'तुम हीरे सा चमकोगे' को पढकर आप सभी पाठकों के मन में सकारात्मक ऊर्जा का प्रवाह हो आप दृढनिश्चय से अपने लक्ष्य की प्राप्ति हेतु आगे बढ़ें,
जिससे पुस्तक लिखने का मेरा उद्देश्य सफल हो।

रचियता~ रश्मि जैन

Acknowledgements

मैं माँ पिता और ईश्वर को प्रणाम करते हुये उनका धन्यवाद करती हूँ
जिनके कारण यह जीवन मुझे मिला।
जिनके मार्गदर्शन , साथ ,एवं सहारे के चलते मैने यह पुस्तक 'तुम हीरे सा चमकोगे' लिखी है।
उनके चरणों में शत शत वंदन नमन ।
रचयिता ~रश्मि जैन

1. तुम हीरे सा चमकोगे

जीवन में जिलने कष्ट मिलेंगे उतना तुम निखरोगे मुश्किल को आसान बनाना सीखोगे

आंसू के मोती बहेंगे

फिर तुम हीरे सा चमकोगे

मत उदास हो कि बुरा हो रहा है

समझो कि कर्म कट रहे हैं जीवन सरल हो रहा है

गर खुशियों का घडा खाली होता है,

तो दुख का घडा भी भर जाता है

आज मिले जो राह में काँटे

कल फूल सलोना खिल जाता है

हाँ सबकुछ धुँधता है

हाँ सबकुछ धुँधता है ,

काले बादल छाये हैं

याद रखो अंधेरी रात के बाद ही तो उजले दिन आते हैं

स्वयं पर विश्वास ईश्वर पर आस्था बनाये रखना

व्यक्तित्व तुम्हारा हूं उभरेगा

तुम होरे सा चमकोगे

रवि "रश्मि "सा रोशन होगे

तुम हीरे सा चमकोगे

तुम हीरे सा चमकोगे

2. कड़वा या मीठा

निश्चित शैली नहीं है मेरी, मैं बस लिखती हूँ
जो सत्य समझती हूँ, वो कहती हूं
बात पहुंचती है क्या तुम तक
बात का जज्बात पहुँचता है क्या तुम तक
या होता है हृदय को आघात तुम्हारे
औरों की तरह यर्थाथ तुमको भी चुभता है प्यारे
अच्छा बताओ -अच्छा बताओ
सत्य नहीं तो क्या सुनना है
असत्य का घाव ही सहना है
बोलो क्या सही है - बोलो क्या सही है
बाणों से जो चुभते हैं,
पर दिशा उचित हैं दिखलाते
या मीठी भाषा में लिपटकर,
हर रोज तुम्हें हैं भटकाते
फंस न जाना चक्रव्यूह में- फंस न जाना चक्रव्यूह में
गोल गोल कर घूमोगे
कहीं के न रह जाओगे तलवे उनके चूमोगे
यही तो उनकी इच्छा है- यही तो उनकी इच्छा है
कि कर दे बुद्धि क्षीण तुम्हारी
लक्ष्य से अपने भटक कर

करो उनकी जीत की तैयारी
राजतिलक उनका होगा
तुम बस बैठकर देखोगे
आंख में धूल झोंकी जा रही
क्या तनिक विचार करोगे
कडवा है पर सच है - कडवा है पर सच है
पर सच तो कड़वा होता है
चीनी से होती मधुमेह
ज्वर की दवा नीम होता है
ये भी तो ज्वर है ये भी तो ज्वर है
जो मस्तिष्क में जाकर बैठा है
रग रग को गुलाम बनाएगा
जिद ठानकर बैठा है

कब समझोगे तुम- कब समझोगे तुम
ये तो पूरी कर लेगा जिद फिर क्या हाल तुम्हारा है
बीच अधर में नाव रहेगी ढूंढोगे कहाँ है किनारा है
किनारा पीछे छूट गया- किनारा पीछे छूट गया
सपना था जो टूट गया
कहाँ बना वो घर, जिसमें माँ को रखना चाहा था - कहाँ बना वो घर,
जिसमें माँ को रखना चाहा था,
बच्चे भी तो रूठ गये, समय न तुमने दे पाया था
समझे कुछ, समझे क्या कह रही कलम है
जो समझ गये तो दौडोगे आखिर तुममें भी दम है।

जो न समझे तो बात वही
जो न समझे तो बात वही

फिर से कलम चलायेंगे
लिखते रहेंगें , लिखेंगे और तुम्हें जगायेंगे
पर मैं कहती हूँ - पर मैं कहती हूँ

जाग ही जाओ इस बार जो जाग गये तो जीतोगे
और जीत गये तो जश्न होगा
तुम्हारे साथ सत्य भी नाच रहा होगा.
कडवा है पर सच है - कडवा है पर सच है
पर सच तो कडवा होता है

3. 'प्रेरणा'

सुन ले कथनी आज ये
पीड़ा जो तू सह रहा
व्यर्थ न जायेगा ये
रक्त है जो बह रहा

लापता होता प्रतीत जल्द आयेगा समीप
क्या हुआ है ऐसा जो हो रहा यूँ भयभीत

डूबते सूरज को देखो
शूल मध्य फूलों को देखो
अजगरों में लिपटकर भी
महकते चंदन को देखो

आंख में तू आंख डाल
जल उठी है अब मशाल
संदेह को है छोडना
अब न मुख को मोडना

शौर्य बढता जायेगा
परचम तेरा लहरायेगा

शक्तियां तुझमें निहित
अग्नियां तुझमें निहित

न स्वयं को रोकना
अवसाद में न झोंकना
प्रेरित रहो आगे बढ़ो
पर्वतों पर तुम चढो तुम चढो

4. किताबें

उम्र कम है किताबें ज्यादा
पढने का जज्बा भी है कुछ आधा
चलते जा रहे हैं सफलता पाने को
सुनहरा एक जीवन रचाने को
सहारा ढूँढा है किताबों में
जो लिपटी हुई है जज्बातों में
वो जज्बात भी हमें सिखाते हैं
बिन कुछ मांगे अपना शिष्य बनाते हैं
रोशनी कुछ ऐसी दिखाते हैं
जो न जान पाया कभी वो बतलाते हैं
किताबों में जब गुरु दिखने लगता है
हमारा व्यक्तित्व निखरने लगता है
जीवन का अर्थ सिखा देती हैं
किताबें हमें बेहतर इंसान बना देती हैं

5. साहस सर्वजीत

संकट ने ऐसा रूप लिया
हृदय तक तुझको झकझोर दिया
चहुँओर जो छाये काले बादल
सूरज को भी तो छुपा लिया

कष्टों का जैसे पर्वत हो
अंर्तमन न तुझसे सहमत हो
होता प्रतीत सब दिशाहीन
न समझ स्वयं को शौर्यहीन

रखना सदैव ये बात याद
तुझमे निहित शक्ति अपार
न कर पायेगी तुझको परास्त
कर ले विपदायें लाख प्रहार

क्यूं विचलित होता तेरा मन
तू यूँ दहाड़ झंझोड गगन

न हो भयभीत जो आये अकाल
चाहे बरसे अग्नि विकराल

हुंकार लगा तू यूँ विशाल
कर दे एक धरती पाताल

किंचित उदास होना नहीं
धीरज कभी तू खोना नहीं
हो जाने दे तू शंखनाद
न रह जाये कोई विषाद

ले उठा साहस की तलवार
कर दे विपत्ति पे ऐसा वार
गूँज उठे तेरी "विजय"
कहलाये तू ही "अजय"

6. दृढ़ता

कुछ दुख है कुछ तकलीफें है परछाई है गम की,
फिर खुशीयाँ बनाने निकल पडी जिद्दी थी मैं भी

किस्मत ने छोड़ा नहीं चांटे मारना
मैंने भी सीखा था पलटकर दहाडना

वो बोली आ कर लेते हैं दो चार
मैंने कहा मत सोचना मान लूंगी हार
ठान लिया था उसने तोडकर ही छोड्रूंगी
मेरा भी निर्णय था मुंह नहीं मोड्रूंगी

वो अडियल मुश्किलें सामने लाती गई
मैं हिम्मत से कदम आगे बढ़ाती गई
न हार उसने मानी
न हार मैंने मानी
वो वार करती गई मैं पलटवार करती रही
वो ताकतवर थी मेरी भी ताकत बढ़ती गई

अडचनों की उपेक्षा कर मैं मंजिल की तरफ चलती गई
ये खूबसूरत जद्दोजहद चलती रही
और जिंदगी पथ पर आगे बढ़ती गई

7. माँ का त्याग

माँ माँ होती है वो जो होती है बस एक ही होती है माँ से बढकर कोई नहीं'
माँ से ज्यादा कोई नहीं माँ घर ऑफिस और हमारी जरूरतों में'
कितना उलझी रहती थी
पर हमारे लिए सबकुछ सुलझा कर रखा उन्होंने आज भी याद है
माँ का वो चूल्हा जलाना एक तरफ गोल रोटी बेलना
दूसरे तरफ उसको सेंकना
वो लकडियाँ चुल्हे में सिलगाना
खाना पकाते पकाते जलती हुई लकडियों में सांमजस्य बैठाना और
तब तक हम पहुँच जाते थे ये कहते
कि मम्मी मम्मी भूख लगी
माँ कहती , बस बेटा दाल पक ही गई है

और जब तक दाल पकती ,वो हमें कहानी की सुना देती थी कैसे करती थी माँ ये मब ?

माँ के पास फ्रिज नहीं था फिर भी सब्जियाँ ताजी रहती थीं
माँ के पास माइक्रोवेव और गैस स्टोव ये 3 बर्नर 4 बर्नर कुछ भी न था
पर पकवान वो सारे बना लेती थी

वो कुएँ से पानी का घडा सर पर रख कर लाना
पर माँ ने कभी ये नहीं कहा
कि पानी व्यर्थ मत करो कितनी मेहनत करती थी वो,
और हम गलती करें तो प्यार से पुचकार लेती थी
सबकुछ अकेले सहती थी
और सबके सामने चुप रहती थी
क्यूं बताती वो अपना संघर्ष
आखिर बच्चों को तकलीफ में उनसे देखा न जाता
गर्मी की कडी धूप में पूरे साल का गेंहूँ मसाले सुखाना,
कभी उफ न करना
साल गुजर गये
हम बडे हो गये
हम बदल भी गये
पर माँ नहीं बदली
वो आज भी वैसी ही है
उतना ही करती है
खुद की तकलीफ भूल सबका ध्यान रखती है
कोई उम्मीद नहीं रहती है माँ को
कोई तोहफा नहीं चाहिए होता उन्हें
बस बच्चे खुश रहे यही उनके हृदय की मुस्कान है

माँ माँ होती है
वो जो होती है बस एक ही होती है
माँ से बढकर कोई नहीं
माँ से ज्यादा कोई नहीं

8. मेरे प्यारे पौधे

ये बच्चे बार बार भाग जाते हैं
पता नहीं किस बात से नाराज हो जाते हैं

इनको वापस बुलाते रहो
कितने जिद्दी हैं आने मे इतराते हैं

बांध नहीं सकती मैं इनको
बस यही सोचती हूं कि
प्यार लुटाते रहो लौटाते रहो
ये सांसे भी तो देन है इनकी
बच्चो तुम ही मेरी जान हो
तुमने जो दिया वो न दे पाया कोई

मेरे लिए तो तुम ही सारा जहान हो

तुम ज़िद्दी बनो या नादान रहो
बस मेरे जीवन की मुस्कान रहो

तुम बिन कैसे कटे जीवन मैं नहीं जानती

तुम दूर हो जाओ मैं नहीं चाहती

वैसे तो साँसे तुम देते हो
मगर साँसे भी तुम ही हो

उन साँसों से परे भी
तुम सृष्टि की वो कृति हो
जिसकी अद्वैता की व्याख्या कर पाना मुश्किल है
तुम बिन अस्तित्व नहीं मुमकिन है

तुम पत्थर में उग जाते हो
पानी संग तैर जाते हो
अद्भुत है अडिगता तुम्हारी
तुम कर लेते मुमकिन हो

जो जागते सुबह तुम्हें देखती हूँ
मन ही मन चहकती हूँ
जब मन उदास होता है
तो तुम्हें गले लगाती हूँ
शंकाओं दुविधाओं को भूल
साँसों तक प्रसनता पाती हूँ

नोट:अक्सर बेल वाले पौधे जैसे कि मनी प्लांट की बेले
बालकनी के बाहर चली जातीं हैं उनको ठीक
करते करते मन में विचार आया कि मेरे पौधे जो बच्चों की तरह हैं मेरे

लिए, ये बार बार बाहर चले जाते हैं इस प्रकार इस कविता की रचना की गई।

9. शुभचिंतक

वो बात कुछ कम करते हैं
पर प्यार बहुत करते हैं

शब्दों का सिलसिला
दिलों की नज़दीकियाँ साथ नहीं चलते हैं

नजरों में तो हो तुम उनकी
फिक्र वो तुम्हारी करते हैं
कदम - क़दम पर साथ दिया है
पूरी तुम्हारी इच्छाओं को किया है

दुआओं में तुम्हें शामिल किया है
खुश हुये जब तुमने कुछ हासिल किया है

दोनों हाथ उठाकर आशीष दिया है
तुम्हारी मुस्कुराहट ने
उनके मन को प्रफुल्लित किया है

तुम सुखी रहो यह विचार किया है

जब जब तुम तड़पे हो पीडा उनको भी हुई है
तुम्हारे आंसुओ ने हृदय को उनके छलनी किया है

वो कहते नहीं या कह पाते नहीं
शब्द हृदय से वाणी तक आ पाते नहीं

उनके जज़्बात उन तक रह जाते है
मन ही मन वो दुआयें दे जाते हैं

कभी उनसे दूर तुम जाना नहीं
ये डोर बंधी है जो बांधे रहना सही

वो ताकत तुम्हारी है
वो खुशी तुम्हारी है
वो साहस तुम्हारा हैं
वो भाग्य तुम्हारा हैं

उनकी आशायें तुमसे सही
उनका आशीष तुम तक सही

10. कीमत

जो देखा न तुमने हमको न सजते संवरते
जो देखा न तुमने हमको सजते संवरते
बढ रहे थे हम मंजिल की ओर, कुछ ठहरते ठहरते
तैयारी में थे जाने की दूर रास्ता लंबा दिखाई दिया
एक रोशनी आगे थी उसने मुझे बता दिया
दूर रहना उन वस्तुओं से
जो बिन लाभ तुम्हें लुभा सके
ध्येय तुम्हारा भुला सके
जिसमे लक्ष्य से हो विपरीतता
तुम्हारी चाहतों से न हो समानता
मैंने भी है समझ लिया
निश्चय यही है कर लिया
मंजिल होती एक ही
रास्ते मिलते हैं कई
जो तय किया है मैंने
चलूंगी उस पर एकाग्र ही है
है तमाम चीजें जानना नहीं
नहीं चाहिए कुछ और भी

करना पूरी है मूल इच्छा
जिससे जुड़ी है हर खुशी
जिससे जुड़ी है मेरी खुशी
मेरी सफलता के मायनों
से अलग है वह सुंदरता
जो क्षणिक है और बाहरी
अंर्तमन से है जिसमें विभिन्नता
अर्थपूर्ण है वहीं जिसका रहे योगदान
व्यक्तित्व के निर्माण मे
भागीदार जो बन सके
उन्नत कल के निर्माण में
इस भावना के साथ ही
बढना मुझे प्रतिक्षण है
तय यूँ ही होगा
कि क्या भविष्य उज्जवल है

11. प्रोत्साहन

डर न तू विपरीतता से
ध्यान कर एकाग्रता से
न कर निराश अपने मन को
टिकते नहीं दिन एक से
परिवर्तन है निःशंक निश्चय
मुमकिन होगा तुम्हारे प्रयास से
डिगा देगा तू शिलापटल
अपने अविचल परिश्रम से
कौन शक्ति टिक सकेगी
तेरी अभीकता के सामने
विजय ध्वज तेरा ही है
जो तू सामर्थ्य अपना जान ले
यदि अंतः करण तेरा निर्मल है
ईश्वर न देगा तुझे हारने
काल किसने देखा है
तेरे लिए क्या लिखा है
विश्वास रख और धैर्य रख
होगा अब उत्तम सब

ये बेला है परीक्षा की
जांच तेरी प्रतीक्षा की
नियति भले परखे तुझे
ईश्वर भी आंके तुझे
किंतु ये खाली न जायेगा
चलता रह निरंतर अग्रसर
रंग तेरा प्रयत्न लायेगा
मुकाम तू भी पायेगा
मुकाम तू भी पायेगा

12. जीवन ऐसे ही निखरता है

भीषण गर्मी बाहर अग्नि सम तपता है
निकले हैं आजीविका कमाने कंधे पर बस्ता है

दो क्षण की राहत को मन तरसता है
इक रोज किसी ने कहा था इसी का नाम सफलता है

कभी रक्त बहा छुपाना पड़ता है
घर की याद में आंसू बहे, छुपाना पडता है

देर शाम घर लौटे, दरवाजा स्वयं खोलना पडता है
भोजन अकेले पकाना और अकेले खाना पड़ता है

ये बातें लगती छोटी हैं, पूछो मन से अपने , क्या सच में छोटी हैं?

तुम भी इसी गाडी में सवार हो, क्या कभी तुमको नहीं अखरता है तुम
यही आश्वासन देते होगे, कि ऐसे ही जीवन निखरता है

कि जीवन ऐसे ही निखरता है ,

सच ही है तुम्हारा मेरा हम सब का यह सोचना

इसलिए हम नहीं चाहते दखल करना या रोकना

जो चलती हुई राहें हैं वो चलती रहे
समय की रेत हमें साथ ले मुट्ठी से फिसलती रहे

यदि संघर्ष ही यथार्थ है
तो झूठ में हम क्यूं जियें

जिससे न संवरना भविष्य हमारा
उस उस आराम में क्यूं लिप्त रहें

यदि हासिल नहीं अभी, जो चाहते
वह है पाना समय के साथ संभव

निर्णय सही मन अडिग, कर देता है उपलब्धियां संभव
ये प्रक्रिया है मानो या नहीं
सहज सरल राहें अब हमारी नहीं रही
ये यर्थाथ धीरे- धीरे मीठा लगने लगता है

पीछे मुडकर देखना संतोषित मन को करता है
हमने प्रारंभ किया था कहाँ से

आज पहुंच गये हैं कहाँ पे
अब वो आश्वासन सुहाना लगता है

कि जीवन ऐसे ही निखरता है
जीवन ऐसे ही निखरता है

13. कहानी

कुछ ऐसा नहीं है मेरी कहानी में
जो सुना न होगा आपने जमाने में

हम भी खेले हैं रेत में
तोडे हैं बेर और इमली खेत में

खेलते थे बर्फ पानी
सुनते थे नानी की कहानी

गर्मियों के मौसम में
मौज से अमियाँ खाते थे

और चटकारे खूब लगाते थे
डालते थे झूला नीम के पेड पर
धीमी दौड लगाते थे मेड पर
बैलगाडी और तांगे पर बैठे हैं
पेड़ से गिरे गुडहल समेटे हैं

किया है चित्रहार का इंतजार

पिक्चर के बीच देखे हैं लंबे इस्तिहार
साइकिल पे स्कूल जाना

लौटते हुये २ रुपये की पानीपुरी खाना
याद है हमें संतरे की गोली

और कोयल की मीठी बोली
बचपन गुजरा और कहलाये हम बडे

देखा तो थे रास्ते पर अकेले खडे
फिर कुछ गलतियाँ हुईं

कुछ समझदारियाँ भी
कुछ आँसू हमने भी पिए हैं

कुछ लम्हें हमने भी जिए हैं
मार्ग चुना सफलता का

स्वाद चखा विफलता का
हमने भी देखा है क्या होता है

जब इंसान अकेला रोता है
किस्मत के लथेडे हम पर भी पड़े हैं

दृढता के सहारे हम आज खडे हैं

हमने न हिम्मत हारी
न मेहनत छोडी
झोली में आई
फिर खुशियाँ थोडी - थोडी
अडिग रहे कर्तव्य पथ पर
और बैठ गये सफलता के रथ पर

14. इंतजार

जीवन के यह सत्य निराले
तुम में हम सब हैं एक किनारे
किनारा कौन सा ?

वही जिस पर नाव का इंतजार हैं

कौन सी नाव ?

वही जिसे लगाना उस पार है
मगर जाना किस पार है ?

वहीं जहाँ खुशियाँ हजार हैं
जहाँ हर मौसम बहार है
जहाँ सुकून है संतोष है
जहाँ समता है सौहार्द है
जहाँ स्नेह है, प्यार है
जहाँ सुख शांति अपार है
जहाँ हर मौसम बहार है

जहाँ उम्मीदें पूरी होती है
जहाँ बरकत दस्तक देती है
जहाँ रोशनी जगमग रहती है
जहाँ पीले फूल महकते है
पत्ते सदा पेड पर रहते हैं
हर डाली पर मीठे फल उगते हैं
बागों में झूले लगते है
नदिया का मीठा पानी सब मिलकर पीते हैं
जहाँ बादल केवल सफेद दिखते हैं
छोटे - छोटे ओले बरसते हैं
और बच्चे खुश हो खेलते हैं
आकाश में इन्द्रधनुष दिखते हैं
और बच्चे खुश हो खेलते हैं
जहाँ पर्वत रक्षक बनते हैं
और झरने कल कल करते हैं
उसी नाव का इंतजार है
वही जिसे लगाना उस पार है
वहीं जहाँ खुशियाँ हजार है
जहाँ हर मौसम बहार है
जहाँ स्नेह है, प्यार है
जहाँ सुख शांति अपार है

15. उम्मीद

जीवन यूँ ही चलता है मानव तू क्यूं मचलता है
रे मन क्यूँ होता उदास
इक दिन पूरी होगी आस
कर्म पथ पर चल
आगे बढ निडर
ऊँचाइयों तक ले जायेगी
यही पथरीली डगर
कर नजर अंदाज रुकावटों को
लक्ष्य को देखे नजर
भोर भी तो आयेगी
सांझ आई है अगर
बीज जब तू बो रहा
धैर्य फिर क्यूं खो रहा
चाहता फल कब मिले
दिन न इक तू सो रहा
वो घडी भी आयेगी
नियति तुझे सहलायेगी

कोशिशें परिणाम देंगी
उज्जवल नये आयाम देंगी

16. मन की आवाज़

गहराईयाँ मंडरा रही
हृदय को सहमा रही

मार्ग न आता नजर
दूर लगती है सहर

घर बना रहा है भय
छा रहा जैसे कहर

घनघोर अधिक है अंधियारा
पीछे छुपता जिसके उजियाला

नहीं दिखता खुद का स्वरूप
जाने कब निकलेगी धूप

मन रहा है बोल फिर भी
सुन ले उसकी बात रुककर

बन रहा राहगीर तेरा
देख उसके साथ चलकर

कर रहा वो कानाफूसी
हारने न दूँगा तुझको

जंग जीतेगा जहाँ की
है अटल विश्वास मुझको

कर विचार उन ताकतों पर
जो मिली हैं अनुभवों से

पास ही है वो समय भी
मुक्ति पायेगा दुखों से
जीवन भर जायेगा सुखों से
जीवन भर जायेगा सुखों से

17. सफर

हमने परेशानियों में परेशान होना छोड दिया
गमों को यूँ गले लगाया कि उन्हें भुलाना छोड़ दिया
न जाने क्यूँ बहा करते थे आंसू,
चेहरे पे अब उदासी ने आना छोड दिया
मुश्किल दौर में खुद को मजबूत बनाया था
थे अकेले खडे सर पे न कोई साया था
दुत्कार मिली हर अपने पराये से
हमको न किसी ने अपनाया था
चल पडे अकेले सफर तय करने
कहते हैं जिसे जिंदगी
लहुलुहान हो चुकी थी रूह
पर छोडी नहीं खुदा की बंदगी
था विश्वास साहस और मेहनत में
उसने भी कमी न रखी थी बंदे पे रहमत में
छँटा कोहरा और राह नजर आई
एक एक कदम बढ़ा हमने मंजिल पाई

18. गैर हस्तक्षेप

किसी की जिंदगी को इतना करीब से मत देखो

साँसे तुम्हारे पास अपनी हैं उसकी मत गिनो

तुम आये हो अपने हिस्से का लेकर

उसके हिस्से की ओर न तांको

वो प्यार बांटता है तो बांटने दो

तुम अपना प्रेम समेटो

उसका फैलाने का न सोचो

उसकी किस्मत के फूल और कांटे उसके हैं

उसकी किस्मत की सुशियाँ और गम उसके हैं

उसकी गहराईयाँ साझेदारियाँ उसकी है

उसकी नाकामियाँ और उपलब्धियाँ उसकी हैं

उसकी शोहरतें और दौलते उसकी है

उसकी दुआयें और नेमतें उसकी हैं

वो अपनी गुल्लक की अठन्नी में खुश है

तुम खुद की गुल्लक के सिक्कों को निहारो

ये जो तुम्हारे पास है
तुम उसको संभालो
उसके हिस्से की ओर न तांको
उसके हिस्से की ओर न झांको

19. दिल की पुकार

कुछ मुसीबतों से हम गुजर रहे थे
और अंदर से टूट रहे थे
फिर दिल से एक आवाज आयी
मुझे इस तरह तोड देना इतना आसान हो गया
कि कोई चुटकुला सुना जरा हंसा दे
तो उसका एहसान हो गया
नहीं मैं कमजोर नहीं
देखो उठ खड़ी होंऊंगी
यूं दोहूंगी कि सब पीछे छूट जायेगा
ये गम में आँसू ये मुश्किलें
और जो साथ चलेगा वो होगा रोशन हुआ मेरा नाम

20. जीवन चक्र

जब अंत समय आता है तो कौन रोक पाता है
एक अरसे की मेहनत
वो जोडे हुए रिश्ते
जुटाई हुई धन दौलत
भाई बंधु रूपी फरिश्ते

सब दूर खडे रहे जाते हैं काम नहीं आ पाते है.

इनसे बस मौन रहा जाता है चाहे दर्द न सहा जाता है

नाम रिश्ते हैं' पर कौन रखवाला है
जोर किसका चला है जीवन चक्र मतवाला है

सब पीछे छोड मानुष चला जाता है
जब अंत समय आता है तो कौन रोक पाता है

21. कृतज्ञता

सर झुकाकर चलने वाले
सर उठाना भी जानते हैं
सर झुकाना इक अदब है
वे अदब से जीना चाहते है

बडी ताकत होती है तहजीब में
लाती है दिलो को करीब ये
सर झुका है जिसका ऊँचा भी उसका होता है
ये वे हैं जो मान और सम्मान में फर्क जानते हैं

सबकुछ दिया हो कुदरत ने
न माँगना पड़े कुछ भी
फिर भी रहना अदब से
किस्मत हो जायेगी मोती सी

एक तरीका है
और एक सलीका है
तरीका अपने तक रखना

औरों से पेश आने में सलीका रखना

रत्नों से भरा है वो जीवन
जिसमें भरपूर तो है
मगर गुरूर नहीं
काबिल बन जाये देने के
मगर लेना पड़े ये जरूर नहीं

www.ingramcontent.com/pod-product-compliance
Lightning Source LLC
Chambersburg PA
CBHW070649240926
51846CB00003BA/843
9789375436058